LES
JEAN LIMOSIN

ÉMAILLEURS

PAR

LOUIS BOURDERY

PEINTRE ÉMAILLEUR

LICENCIÉ EN DROIT

MEMBRE CORRESPONDANT DU COMITÉ DES SOCIÉTÉS DES BEAUX-ARTS DES DÉPARTEMENTS

LIMOGES
IMPRIMERIE-LIBRAIRIE LIMOUSINE
Vᵉ H. DUCOURTIEUX
Libraire de la Société archéologique et historique du Limousin
7, RUE DES ARÈNES, 7

1888

LES JEAN LIMOSIN

ÉMAILLEURS

TIRÉ A 120 EXEMPLAIRES

JEAN II LIMOSIN

SAINT IGNACE DE LOYOLA

(Grandeur exacte de l'émail)

Collection de M. E. Duroust, à Orléans.

LES

JEAN LIMOSIN

ÉMAILLEURS

PAR

LOUIS BOURDERY

PEINTRE ÉMAILLEUR

LICENCIÉ EN DROIT

MEMBRE CORRESPONDANT DU COMITÉ DES SOCIÉTÉS DES BEAUX-ARTS DES DÉPARTEMENTS

LIMOGES

IMPRIMERIE-LIBRAIRIE LIMOUSINE

Vᵉ H. DUCOURTIEUX
Libraire de la Société archéologique et historique du Limousin

7, RUE DES ARÈNES, 7

1888

LES JEAN LIMOSIN

ÉMAILLEURS

JEAN I, né vers 1561 † de 1602 à 1610.

JEAN II, né vers la fin du xvie siècle (?), vit en 1610, 1619, 1623, 1646 (?)

JEAN III (?) vit en 1679.

Les nombreux émaux du Musée du Louvre, de la fin du xvie et du commencement du xviie siècle, signés *Jehan Limosin* ou d'un I et d'un L séparés quelquefois par une fleur de lis, sont tous catalogués sous le nom d'un seul et même artiste. Il a été, du reste, jusqu'ici d'usage général d'attribuer à un même auteur, sans distinction, tous les émaux de ce genre portant la signature ou le sigle ci-dessus.

M. Maurice Ardant avait, il est vrai, tenté autrefois de discerner parmi ces ouvrages la main de deux artistes du même nom, le père et le fils (1); mais il avait pour ainsi dire procédé d'intuition, sans méthode et surtout sans point de départ certain, comme nous le verrons bientôt. Aussi, après lui, tout en ayant connaissance des textes qu'il avait publiés et d'où il résulte qu'au moins deux et peut-être trois Limosin du prénom de Jean ont été émailleurs, MM. Jules Labarte, Darcel et Molinier (2), qui font surtout autorité dans la matière, ont abandonné la distinction qu'il avait cherché à établir, sans la justifier, et ont réuni sous un seul de ces noms d'émailleurs tous les travaux sortis des ateliers des Jean Limosin.

---

(1) *Les Limosin*, Limoges, 1859.
(2) La Notice de M. de Laborde était antérieure au travail de M. Maurice Ardant.

Nous-même (1), nous avions, sous toutes réserves, attribué récemment à un Jean II Limosin un émail qui, par son aspect et sa date (1622), nous avait semblé devoir être l'ouvrage ou de Jean II ou d'un élève et continuateur de Jean I Limosin (mort avant 1610). Nous verrons plus loin que c'est la seconde de ces suppositions qui doit seule être exacte.

Nous pouvons décrire aujourd'hui trois pièces et en citer quelques autres qui sont positivement l'œuvre d'un Jean Limosin, émailleur après 1622, lequel porte déjà ce titre en 1610, produit au moins depuis 1615 et peut avoir travaillé encore longtemps après la première des dates indiquées (1622); il est toujours appelé émailleur dans un acte de 1628 (2) et on peut le supposer encore vivant en 1646 (3). Cet artiste est évidemment distinct du Jehan Limosin, émailleur, son père, mort avant 1610 et dont il possède la maison à cette date (4) dans la rue Manigne. Nous verrons tout-à-l'heure, que les travaux du Jean Limosin dont nous nous occupons principalement ici, et que nous appellerons Jean II, diffèrent essentiellement comme aspect du reste, soit de la presque totalité de ceux que l'on groupe généralement sous le nom d'un seul et même Jean Limosin. Les monuments viendront corroborer les textes d'une façon précise.

Mais avant d'aller plus loin, tâchons d'établir clairement quels sont, parmi les Jean Limosin, ceux auxquels nous allons attribuer ces deux séries distinctes d'ouvrages.

Les classifications faites jusqu'ici sont basées sur les documents fournis en 1859 par M. Maurice Ardant (5), documents que coordonna un peu plus tard M. Jules Labarte dans son *Histoire des*

---

(1) *Les Émaux peints à l'Exposition rétrospective de Limoges en 1886.* — Limoges, Ducourtieux, 1888.

(2) Voir *Inventaire sommaire des archives départementales*, par M. Leroux, archiviste du département. Vᵉ fonds, B. 3 : « reconnaissance faite aux bayles de la confrérie de Notre-Dame de la Conception ou de Saint-Laurent-des-Trépassés, d'une maison sise au Puy-Ponchet, ayant appartenu au curé de Saint-Bonnet et de présent à Jean Limousin, mᵉ émailleur, sous le devoir de 3 sols 4 deniers de rente , 1628 ».

(3) Voir M. Maurice ARDANT, *Les Limosin*; et LABARTE, *Histoire des Arts industriels au moyen-âge et à l'époque de la Renaissance*, t. IV, Emaillerie, article des derniers Limosin.

(4) M. Maurice ARDANT, *Les Limosin*, p. 4.

(5) *Émailleurs limousins, Les Limosin.*

Arts industriels du Moyen-âge et de la Renaissance, parue en 1866 (1). En 1867, M. Darcel emploie ces indications dans sa *Notice des émaux du Louvre*, et M. E. Molinier, tout récemment, les reproduit à peu près dans son *Dictionnaire des émailleurs*.

Voici les hypothèses établies par ces différents auteurs. Dans des contrats passés en 1554 et 1555 devant les notaires Albiat et Pénicaud, figure un Jean Limosin, qui y reconnaît l'obligation de payer une rente foncière sur un domaine du Puy-Ponchet. Ils en concluent que Jean étant alors majeur, devait être né au plus tard en 1528, d'où cette date de 1528 indiquée dans tous les tableaux généalogiques donnés jusqu'ici. Ce Jean Limosin a, dès 1561, un fils du même prénom que lui qui paierait encore la même rente en 1628. Lui-même est inscrit en 1602, au rôle des tailles, canton du Marché, pour neuf livres, une des plus fortes cotes. Il meurt avant 1610, puisqu'à cette date, son fils qualifié « émailleur » possède la grande maison de *feu* son père, rue Manigne. Ce Jean I Limosin, ne portant pas dans les actes le même titre que son fils, ne se serait point adonné à l'émaillerie, d'après M. Darcel, quoique M. Maurice Ardant lui ait attribué (sans justification) quelques émaux. — On suppose, d'après ce qui vient d'être dit ci-dessus, que Jean II, fils du précédent, serait né vers 1561. Il est dit « émailleur » et aurait produit notamment le portrait de Bardon de Brun, du cabinet de M. Germeau, daté de 1597 (2) et la girouette de l'église de Solignac datée de 1619 et signée JEHAN LIMOSIN, ESMAILLEUR DU ROY, I fleur de lis L ; il aurait encore vécu en 1646, époque à laquelle il payait la moitié d'une rente due aux prêtres communalistes de Saint-Michel, sur la maison de la rue des Pousses qui avait appartenu à Léonard I. C'est à ce Jean Limosin que les auteurs que nous

---

(1) Voir t. IV, pp. 124 et 125 notamment. Pour établir la filiation des deux Jean Limosin dont nous nous occupons, il y renvoie aux *Limosin* de M Maurice Ardant, p. 4, où il faut lire évidemment à la ligne 26 au lieu de « Léonard devait être né vers 1533 », « *Jean* devait être né vers 1533 ». M. Labarte ne l'explique point, mais on voit qu'il l'a lu ainsi. C'est, en effet, par une erreur involontaire de transcription que M. Maurice Ardant, qui parle tour à tour ici de Léonard et de Jean Limosin, aura écrit « Léonard » au lieu de « Jean », erreur qui lui aura échappé dans la correction des épreuves. Il avait déjà écrit, en 1854, la biographie de Léonard I Limosin où il disait avec raison que ce dernier avait dû naître vers 1505, et il connaissait l'émail de M. Taillefer, *Adam et Eve chassés du Paradis terrestre*, signé et daté L. L. 1534.

(2) M. DARCEL, *Notice des émaux du Louvre*, p. 178.

venons de citer attribuent indistinctement tous les émaux de la fin du xvi⁰ et du commencement du xvii⁰ siècle, portant un I et un L séparés quelquefois par une fleur de lis ou la signature entière ; sous son nom seul sont réunis tous les émaux de ce genre du musée du Louvre et de toutes les collections en général. — Un Jean III Limosin, fils de ce dernier, et émailleur comme lui, est enfin dit en 1678, acquéreur de l'auberge de *La Poire*, rue Pont-Hérisson ; il possède toujours le domaine de famille du Puy-Ponchet.

Nous devons admettre l'existence du Jean Limosin, chef de famille, né vers 1528, puisqu'elle est authentiquement prouvée par les contrats de 1554 et 1555 ; mais, comme il ne porte pas le titre d' « émailleur », que le premier émail à date certaine, signé I fleur de lis L, le portrait de Bardon de Brun, ne remonte qu'à 1597 et que tous les émaux des Jean Limosin, sans exception, se rapportent rigoureusement par leur aspect à l'extrême fin du xvi⁰ et aux premières années du xvii⁰ siècle, comme nous le verrons plus tard, nous en concluerons comme M. Darcel que ce premier Jean n'a pas été émailleur. En tout cas, aucun de ses travaux ne nous serait connu, même d'une façon dubitative. De plus, nous pensons qu'il ne s'agit pas de lui dans la mention de décès de 1610. On peut supposer vraisemblablement qu'il mourut au xvi⁰ siècle. Pour ces diverses raisons, nous ne lui donnerons pas le titre de Jean I, que nous réservons pour son homonyme qui va suivre, le premier émailleur de ce nom (1). Inutile de désigner directement parmi les émailleurs des membres de leur famille qui n'ont pas exercé cet art.

Nous nous séparerons ici nettement des auteurs ci-dessus quant à l'attribution de l'universalité des émaux signés I fleur de lis L, ou analogues, au Jean II Limosin de MM. Labarte et Darcel, et quant aux dates d'existence assignées à cet émailleur (1561-1646). En effet, il est incontestable, en présence des émaux que nous allons décrire tout-à-l'heure, que la masse des travaux attribués jusqu'ici à un seul et même Jean Limosin, doit être scindée en deux parts, dont l'une, de beaucoup la plus forte, comprend par exemple, au Louvre, les grands plats d'*Esther et Assuérus, la femme d'Urie, l'Enlèvement d'Europe*, etc., bref tous les numéros du catalogue de D. 382 à D. 391 (2) et à l'Exposition de Limoges les

---

(1) Dans la généalogie que nous avons donnée aux *Émaux peints à l'Exposition rétrospective de Limoges en 1886*, nous ne faisons pas figurer ce Jean Limosin, et Jean I est celui qui va suivre.

(2) Sous réserve des observations que nous émettons plus loin, quant aux nᵒˢ D. 390 et D. 391.

nos 61 et 62 en particulier, ce dernier représentant *Notre-Dame-de-Pitié*, à M. le chanoine Arbellot. — Dans l'autre part figurent les émaux des collections Davoust et de Noury d'Orléans, le n° D. 392 du Louvre et quelques travaux en nombre encore assez restreint. Les pièces que nous venons de désigner spécialement sont signées et on peut les dire en toute assurance d'un Jean Limosin. C'est donc sur des bases certaines que porte notre division (1).

Elle est motivée par le style et l'aspect bien tranché des deux catégories d'émaux. La première dénote, à peu de différence près, les tendances de Suzanne Court et de son école : l'affaiblissement, presque l'abandon du style large et simple de la grande époque, le goût du brillanté, des recherches mesquines, des colorations translucides mais sombres et monotones, des blancs traités avec habileté et par la bonne méthode, mais très légèrement et comme avec timidité. La main qui a produit ces travaux manque de hardiesse et leur imprime un aspect en quelque sorte triste et petit. Aucune des pièces de cette série, ne peut remonter, par son caractère artistique, ou une date quelconque, loin au-delà de l'année 1597 environ, ni se rapprocher de nous en deçà de l'année 1610. C'est bien en remontant au-delà de cette dernière date, dans un laps de temps de quinze à vingt ans que peuvent avoir été produites toutes les œuvres que nous venons de signaler. — La deuxième catégorie de pièces présente au contraire de suite une sorte de renouveau dans l'art de l'émail, au commencement du xviie siècle, le rajeunissement des produits d'un atelier qui semblait voué à une chûte prochaine. L'émailleur reprend solidement les modelés en blanc, sans abandonner le paillon, il renonce à ces types de tête aigus, à cette sécheresse dans la touche ; ses travaux sont gras, éclatants et fins. Si son dessin est tout autre que celui du précédent, il faut avouer qu'il n'est guère meilleur ; mais il est de son temps et somme toute, cet artiste qui a su allier l'aspect corsé des productions du xvie siècle à l'éclat et à la finesse de ce que l'âge suivant a fourni de plus charmant en ce genre, occupe à peu près le premier rang parmi ceux du second quart du xviie siècle. Si l'aspect de ses travaux nous reporte raisonnablement à cette époque, les hésita-

---

(1) En partant de données précises et en procédant, pour ainsi dire, scientifiquement, nous pourrons établir une classification sûre, comme nous l'avons fait dans nos *Émaux peints à l'Exposition rétrospective de Limoges en 1886*, pour les Laudin, où nous avons pu reconnaître notamment la manière propre des deux Jacques Laudin à l'aide de pièces qui, par leurs signatures et leurs dates, se rapportaient rigoureusement à chacun de ces deux émailleurs.

tions que l'on pourrait ressentir à cet égard disparaissent dès qu'on examine les sujets que nous avons indiqués comme lui étant dus. Les émaux de M. Emile Davoust, d'Orléans, représentent, en effet, les saints Ignace et François-Xaxier, avec les attributs de la sainteté. Ils ont donc été exécutés postérieurement aux années 1621 et 1622, dates des canonisations de ces deux saints, mais probablement presque aussitôt après, puisque les Jésuites, dont le collège était très florissant alors à Limoges, donnèrent de grandes fêtes en 1623 en l'honneur de leurs saints patrons.

Dans ces conditions, il nous semble fort admissible que la première série de travaux puisse être attribuée au Jean II Limosin, de MM. Labarte et Darcel, qui serait né vers 1561 ou antérieurement, mais que nous supposons mort avant 1610, tandis que ces auteurs le font vivre jusqu'en 1646. Ainsi s'explique que parmi tous les émaux dont nous nous occupons ici, on ne trouve aucune pièce portant le cachet du plein xvie siècle ou pouvant dater de 1610 et en deçà. Les dates et l'aspect concordent, et nous savons par les documents qu'un Jean Limosin, émailleur, était mort de 1602 à 1610. Au lieu du titre de Jean II que lui donnent les autres auteurs, nous le nommons Jean I Limosin, puisqu'il paraît avoir été réellement le premier émailleur de ce nom. — Si nous avons trouvé un nom d'émailleur pour lequel on pouvait revendiquer sans difficulté la première série des pièces, nous pouvons, avec la même probabilité, mettre un nom en tête des ouvrages de la seconde catégorie ; ce sera toujours celui du Jean II de MM. Labarte et Darcel, mais chez lequel nous reconnaissons deux personnages distincts, comme nous avons trouvé deux séries nettement différentes parmi ses travaux. Étant admis que la mention de décès d'un Jean Limosin, émailleur, indiquée en 1610, peut s'appliquer tout aussi bien, beaucoup mieux même au précédent né avant 1561, qu'à son père, né avant 1528, les dates certaines de 1610, 1619, 1622 et probablement 1646, s'appliquent forcément à un autre Jean Limosin que nous appelons Jean II et qui n'est pas le Jean III des auteurs précités. Ce dernier, indiqué en 1678 ou 1679, est, en effet, hors de cause ; il conserve son rang dans tous les cas et on ne connaît jusqu'ici aucun émail de lui.

En somme, les auteurs précédents n'admettent que trois Jean Limosin, dont le premier (Jean I) n'a pas été émailleur ; dont le deuxième (Jean II) a tout produit sans distinction, et dont le troisième (Jean III) ne nous a légué aucun ouvrage. — Au contraire, nous reconnaissons l'existence de quatre Jean Limosin, dont le premier n'a pas été émailleur ; dont le second (Jean I) a produit, de 1580 ou 1590 à 1610 environ, la plus grande partie des émaux portant les initiales ou la signature communes ; dont le troisième (Jean II) est l'auteur des émaux compris entre la date de 1610 (il pouvait aussi avoir produit antérieurement) et l'année 1646 ; et dont le quatrième (Jean III) ne nous a légué aucun ouvrage. Nous refusons d'admettre parmi les émailleurs le premier Jean Limosin, et nous dédoublons le second, sans toucher au troisième.

Il était nécessaire d'établir nettement le classement que nous adoptons pour les divers Jean Limosin, afin de faire cesser toute confusion dans les attributions et de bien identifier nos émailleurs avec ceux des autres auteurs ou de les en distinguer positivement. Nous aborderons sans tarder davantage l'étude des émaux que nous pouvons indiquer d'une façon certaine comme l'œuvre de Jean II Limosin, puisque c'est la découverte de ces pièces qui motive ce travail, et nous examinerons ensuite sa manière comparée à celle de Jean I, dont nous apprécierons en dernier lieu les ouvrages principaux. Nous n'aurons rien à ajouter à la citation relative à Jean III qui a été faite au début, puisqu'aucun de ses émaux n'est connu, si tant est qu'il en ait produit et que nous ne voyons même aucune pièce susceptible de lui être attribuée.

Au cours de nos recherches sur l'émaillerie et en feuilletant récemment l'intéressante *Revue sur l'Exposition rétrospective d'Orléans en* 1876, par M. le docteur Patay, nous fûmes subitement frappé de l'importance que pouvait présenter l'étude des n°s 1583 et 1584, sur cette simple citation de la brochure (1) :

« De Jean Limosin, neveu de Léonard, nous mentionnerons deux plaques : saint François Xavier et saint Ignace (n°s 1583 et 1584, M. Davoust), signées des initiales IL, surmontées d'une fleur de lys » (2).

---

(1) *Revue sur l'Exposition rétrospective d'Orléans en 1876*, par M. le docteur Patay, page 51. — Orléans, Herluison, 1877, in-8°.

(2) Le Catalogue de cette Exposition ne porte que cette simple énonciation : « M. Davoust, Orléans. — 1583. Saint François Xavier, émail. — 1584. Saint Ignace, émail. » — Nous ne pouvons nous empêcher de dire ici combien il est déplorable que l'on n'attache pas plus d'importance à la rédaction des Catalogues d'Expositions rétrospectives. Sans la revue de M. le docteur Patay, l'indication du Catalogue ne pouvait nullement attirer l'attention sur les émaux de M. Davoust. Quand se décidera-t-on à faire ces travaux sérieusement et à donner les indications élémentaires indispensables pour qu'après la durée éphémère de l'exhibition, le Catalogue puisse être utile aux travailleurs ? Il n'y a pas besoin de spécialistes pour

Comme nous l'avons dit plus haut, ces émaux ne pouvaient avoir été exécutés qu'après les années 1621 et 1622 ; ils n'étaient donc sûrement pas l'œuvre du Jean Limosin mort de 1602 à 1610. Or, c'est à ce dernier que nous attribuions naturellement tous les travaux déjà connus et marqués d'un sigle semblable à celui que nous révélait le compte-rendu de l'Exposition d'Orléans. Les émaux de M. Davoust étaient-ils analogues d'aspect à ce que nous connaissions déjà et allaient-ils ajouter par leur date un élément nouveau de confusion à l'amoncèlement des travaux mis à la charge d'un seul artiste, en élargissant réellement d'une vingtaine d'années le cadre dans lequel s'inscrivaient pêle-mêle toutes les productions sous le nom d'un même Jean Limosin? ou au contraire, confirmeraient-ils, par leur caractère bien tranché, l'hypothèse dans laquelle nous avions toujours supposé qu'après 1610 ce n'était plus ce premier émailleur qui avait produit, mais un homonyme, peut-être son fils ? La signature et la date implicite des pièces permettant de trancher définitivement la question, nous résolûmes d'en obtenir l'examen *de visu*, et grâce au bienveillant intermédiaire d'un ami commun, M. Léon Dumuys (1), M. Emile Davoust, propriétaire des deux émaux, *Saint Ignace* et *Saint François Xavier*, faisant preuve d'une obligeante et confiante générosité dont nous ne saurions assez le remercier, nous adressait de suite à Limoges les deux précieuses pièces, nous autorisant, de la façon la plus gracieuse, à les étudier à loisir.

Voici les notes prises sur les émaux eux mêmes.

cela, et chacun peut donner les dimensions précises d'une pièce, une description sommaire du sujet, le relevé scrupuleux des marques, signatures, dates et inscriptions, dire si elle est exécutée en grisaille ou en émaux de couleur, s'il s'agit d'une plaque, d'un bénitier, d'une coupe, d'un vase, etc., etc. Quelle source de fructueuses recherches on trouverait alors dans les livrets des nombreuses Expositions rétrospectives qui se sont faites depuis quelques années ! Question de clocher à part, le Catalogue de l'Exposition rétrospective de Limoges en 1886 n'est-il pas infiniment précieux à cet égard ?

(1) Secrétaire de la *Société archéologique d'Orléans* et attaché à la conservation du *Musée historique* de cette ville.

COLLECTION DE M. Émile DAVOUST

A Orléans et au château de Chartraine, par la Ferté-Saint-Aubin (Loiret)

Émaux peints. — *Saint Ignace de Loyola.*

Plaque rectangulaire en émaux de couleur sur fond noir, rehauts d'or, paillons. — Hauteur, 0^m,098; largeur, 0^m,071. (Exposition rétrospective d'Orléans en 1876, n° 1584.) (1).

Sur un ovale occupant à peu près le milieu de la plaque est représenté le saint en buste, vu de trois quarts à droite. Une auréole d'or rayonnante entoure sa tête ; ses yeux sont levés au ciel ; il porte les cheveux, la moustache et la barbe courts, le front est chauve, la figure assez jeune. Il est vêtu d'une soutane et d'un manteau noirs laissant voir un col de chemise blanc. Le fond de l'ovale est bleu sur paillon d'argent, semé de petites étoiles d'or à huit pointes, très rapprochées et posées régulièrement à gauche sur quatre et à droite sur cinq rangs, en échiquier, et suivant la courbe de l'ovale, qui est délimitée sur le fond par un trait d'or. — Une bande blanche de trois millimètres de largeur, coupée en haut et en bas, par l'ornementation, entoure l'ovale ; elle est cernée près du bord intérieur, par un trait brun-rougeâtre formant une sorte de cordelière. On lit du côté gauche de cette bande, à hauteur de l'épaule du saint, en lettres capitales ornées, analogues à celles du XVIe siècle, S. IGNATII, et du côté opposé LOIOLÆ (*effigies*). Au-dessus et au-dessous, rinceaux fleuris, en brun-rougeâtre, ainsi que l'inscription. — L'ovale est appuyé, en bas, sur un large soubassement à moulures carrées, en brun et turquoise très doux de ton, en avant duquel est appliqué un grand cartouche aux bords élégamment découpés et enroulés, d'un ton gris avec sorte de coquilles turquoises. Ce cartouche échancre légèrement le bas de l'ovale et présente au milieu une plaque noire, rectangulaire et allongée dans le sens de la largeur, où se lit en petites lettres d'or : *O quam sordet terra, quum cœlum aspicio.* — Le haut de l'ovale est échancré par une nuée bleue entourant une gloire d'or, au centre de laquelle sont des emblèmes de l'ordre des Jésuites ; un cœur

---

(1) Nous donnons en tête de cette étude une reproduction exacte et de la grandeur même de l'émail.

violet, percé de trois clous, sous les trois lettres IHS, surmontées elles-mêmes d'une croix. — Au-dessous de la nuée, à droite et à gauche de l'ovale, deux anges, debout sur des socles moulurés, gris violacé ou verdâtre extrêmement doux de tons, sont penchés, les mains jointes et en adoration devant le cœur de Notre-Seigneur ; leurs ailes, à demi déployées, sont coloriées en violet, vert, turquoise et bleu sur paillon d'argent ; ils sont aussi entièrement paillonnés d'argent dans le costume, et vêtus, celui de gauche, d'une robe turquoise avec revers des manches bruns, celui de droite, d'une robe violette, avec doublure des manches verte. — De chacun des socles qui supportent les anges, pend une grosse guirlande, retenue par un nœud et enrubannée, composée de fruits et feuillages turquoise et violet de tons extrêmement fondus, garnissant l'espace vide entre le soubassement, l'ovale et le bord de la plaque. Le fond noir, partout où il n'est pas recouvert par le sujet, est lui-même décoré d'un fouillis de petits rinceaux d'or fleuris. — Dans l'échancrure inférieure droite du cartouche est tracée en or sur le fond noir la signature .I. fleur de lis (*surmontant* les initiales) L. La plaque est encadrée tout autour d'un filet d'or plein, d'un millimètre et demi de largeur, et percée de quatre trous aux angles ; elle est en cuivre mince, convenablement emboutie. — Revers en *fondant*, brillant et bien venu, moins quelques taches d'oxydation (1).

Procédé. — La plaque est émaillée uniformément en noir fin et éclatant ; sur tout le fond libre du médaillon ovale et sous les ailes et robes des anges sont posés les paillons d'argent, très légèrement modelés en noir dans le costume des anges ; — la nuée supérieure, les socles des anges, les guirlandes qui y sont attachées et le soubassement inférieur avec son cartouche, bref, toutes les parties destinées à être coloriées, en outre des paillons, sont modelés légèrement en blanc, avec enlevages à l'aiguille, ces derniers très apparents dans le soubassement et le cartouche ; — les colorations, toutes translucides, sont étendues à la spatule sur ces préparations blanches ou paillonnées, douces et légères dans l'ornementation, épaisses et vives sur les anges, la nuée et le fond bleu du médaillon ; on y trouve, au toucher, une saillie considé-

---

(1) Le *fondant* est un émail incolore et translucide, sorte de verre qui laisse voir le ton propre de la plaque de cuivre. Ce dernier apparaît plus ou moins brillant ou oxydé en rouge, suivant que les conditions dans lesquelles s'est accomplie la cuisson ont été plus ou moins favorables à la vitrification de l'émail.

rable qui s'arrête au dehors de l'ovale à l'encadrement blanc, au dedans au contour de la tête du saint. — Travail des blancs ne devant pas être recouverts de colorations : l'artiste pose la bande blanche qui entoure l'ovale et modèle en blanc les nus, ainsi que le col de la chemise du saint, les plis de sa soutane et de son manteau, ces derniers à peine apparents et fondus avec la couche noire générale qui constitue le ton de ce vêtement. La tête du saint est modelée en trois et peut-être quatre couches de blanc d'une façon très ressentie dans les saillies lumineuses, sans le secours de l'aiguille, sauf dans les cheveux et la barbe où de petits traits d'enlevage sont apparents. — Tons de chair : une couche générale très légère est étendue sur les nus, puis rechargée un peu partout en gros pointillé et hachures bien apparentes, le tout soigneusement et très habilement exécuté; traits repeints comme le modelé lui-même; cheveux et barbe d'un gris-brun obtenu par la transparence du fond noir à travers une légère couche de blanc et dans les petits enlevages, le blanc y ayant reçu les mêmes tons de chair que dans le visage. — Dorures et inscriptions : les lettres et le décor de la bande blanche sont tracés en couleur vitrifiable, brun-rougeâtre opaque, peu glacé. Pour dernier travail, pose des rehauts d'or sur tous les divers détails.

Le dessin est faible et un peu mou dans les anges, qui ont la lourdeur et la gaucherie habituelles aux figures des petits dessinateurs du commencement du XVIIe siècle, un peu compensées par une certaine grâce naïve. La tête du saint est correcte et bien expressive, sa physionomie douce et en rapport avec la parole qu'il aimait à répéter et que rappelle la légende du cartouche : *O quam sordet terra quum cœlum aspicio.* Le modelé de la tête est étudié sans fatigue, fortement rendu sans lourdeur et sans dureté; l'aspect est un peu bistre, mais plein de relief et de lumière. — Le vêtement noir du saint a été exécuté avec une habileté supérieure. Quelques traits et glacis blancs, à peine visibles, avons-nous dit, s'éteignant doucement dans le fond noir-bleu de la plaque, en accusent les plis et la forme avec autant de délicatesse que d'exactitude.

Ce qui donne surtout à cet émail un charme précieux, c'est l'éclat et la finesse de son coloris joints à la perfection d'une exécution aussi remarquable que patiente. Dans le médaillon central, le fond bleu, sur paillon d'argent, est éblouissant d'éclat; il s'harmonise toutefois avec le reste de la composition, grâce aux étoiles d'or dont il est semé, à la franchise de la bande blanche qui l'entoure, à l'intensité du vêtement noir du saint et au relief lumineux de la figure, qui attire et fixe l'attention de prime abord, malgré la richesse et l'abondance de l'ornementation.

Le même bleu qui garnit le fond de l'ovale colore la nuée supérieure, et il est curieux de constater côte à côte la différence de ton que subit un même émail, appliqué ici sur blanc et là sur paillon : toujours riche, il est particulièrement éclatant sur le paillon et moelleux sur le blanc.

L'ornementation qui entoure le médaillon est exquise d'arrangement et d'exécution. Les guirlandes, le soubassement et le cartouche sont teintés en violet, turquoise, gris et brun d'une douceur et d'une délicatesse de nuances charmantes et qui ne font que mieux valoir la richesse du médaillon central. Il n'est pas jusqu'aux moindres détails, tels que les lettres des inscriptions ou le fouillis d'enroulements du fond qui ne soient aussi élégamment que finement traités.

Nous avons dit que le saint était représenté relativement jeune. Le type de la tête est le même que celui du saint Ignace qui figure sur le grand émail du Musée de Limoges, *M. de Verthamond présentant un placet à saint Martial* (n° 70 du Catalogue de l'Exposition rétrospective de Limoges en 1886), et qui est signé de Léonard II ou Léonard III Limosin; une même gravure a servi de modèle aux deux artistes.

Le premier aspect de cet émail est surprenant. Exécuté au commencement du xvii° siècle, il n'offre d'analogie exacte avec aucune des œuvres des émailleurs de cette époque. Il n'a pas la couleur monotone et la touche féminine de Suzanne Court, l'air triste des travaux de Jean I Limosin, l'aspect sombre et fatigué de ceux de Léonard II ou Léonard III, la manière violente de François Guibert, les colorations ternes et enfumées de Poncet ; rien ne permet de le rapprocher des premiers Laudin (1). Son auteur se révèle ici avec une personnalité nettement tranchée, et se distingue franchement de ses contemporains qu'il surpasse par la solidité d'aspect, l'éclat, le charme et la délicatesse de ses travaux. On peut ainsi définir sa manière :

Comme émailleur, il a conservé toutes les traditions du xvi° siècle :

---

(1) Il va sans dire que le sigle I fleur de lis L ne laisse aucune hésitation sur le nom même de l'émailleur et ne peut faire songer un instant à Jacques I Laudin. Ce dernier n'était probablement pas né à l'époque de la fabrication de notre émail (il naquit vers 1627) et l'aspect de ses travaux s'éloigne absolument de celui de ce dernier. La fleur de lis ne figure pas dans sa signature.

colorations exclusivement translucides, fines ou éclatantes, appliquées sur modelé blanc préalable avec enlevages à l'aiguille, ou sur paillons, revers en fondant, etc. Comme artiste, il subit l'influence de son temps, mais s'il recherche le brillant, ce n'est pas aux dépens de l'harmonie ; si son dessin n'a plus la science et l'allure de celui des maîtres du siècle précédent, il n'est pas mesquin à proprement parler ; son exécution est très finie sans mièvrerie ; il surcharge son tableau de décor, tout en lui conservant de l'effet ; son coloris est délicat sans fadeur ou éclatant sans dureté. Il se rapproche de Toutin ou le devance même, peut-être, par son mode d'application des tons de chair en pointillé ; ses carnations lumineuses sont pleines de relief.

Telle est l'œuvre de Jean II Limosin, dont le nom seul nous était connu jusqu'ici et auquel on n'avait pu attribuer sûrement encore aucun émail. L'examen du *Saint Ignace* de M. Davoust a confirmé pleinement notre supposition : ne fût-il pas implicitement daté, son aspect si différent de celui des travaux du Jean Limosin seul reconnu jusqu'à présent, son caractère si nettement tranché nous eûssent interdit d'en faire l'attribution à cet émailleur. On doit aujourd'hui distinguer nettement les travaux de Jean II de ceux de Jean I Limosin, et nous sommes heureux, en proclamant un artiste de plus dans la glorieuse phalange de nos émailleurs limousins, de pouvoir rendre hommage à son talent d'un charme réel.

Les caractères saillants qui distinguent le style bien particulier de chacun des deux émailleurs vont s'accentuer au cours de cette étude où nous allons tâcher de les mettre en lumière. Il est intéressant, à cet égard, de rapprocher l'œuvre du fils de celui de son père, si tant est que ce degré de parenté unisse nos deux artistes, de saisir les points de contact et les divergences, de voir les enseignements que Jean II a pu mettre à profit dans l'atelier de Jean I et ce qu'il a ajouté en propre à l'héritage de ce dernier, sous l'influence combinée de son tempérament personnel et du goût de son temps.

Chez les deux artistes, la méthode essentielle est la même : plaques émaillées en noir, sujet préparé en modelé blanc, emploi très abondant du paillon, colorations exclusivement translucides, effet soutenu, rehauts d'or nombreux et délicats, facture soignée et habile, revers en fondant. — D'autre part, on peut faire les distinctions suivantes, qui s'expliquent jusqu'à un certain point par la différence des époques auxquelles chacun d'eux a vécu : l'aspect des travaux de Jean I est plus sévère, plus sombre et même un peu triste ; ses blancs modelés très légèrement ont plutôt de la délicatesse que de l'éclat ; sa facture fort habile et soignée est un peu sèche et timide ; les enlevages à la pointe dans la première couche de blanc forment chez lui la base du modelé, fins dans les nus et draperies blanches, plus libres sous les colorations. — Jean II s'éloigne un peu plus par le style de la sévérité et de la noblesse de la belle époque ; il est franchement de son temps. S'il vise moins à faire grand, son talent est plus souple, il plaît davantage. Son coloris, au moins aussi riche que celui de son père, est plus gai et plus varié ; dans les figures, ses blancs sont franchement empâtés, et à côté, sous la décoration, traités avec une exquise délicatesse ; l'aiguille n'y est plus employée qu'accessoirement et en dehors des nus. Sa pratique est tout aussi savante que celle de Jean I et de plus empreinte d'une réelle franchise ; l'aspect de ses émaux plus fin et plus corsé, plus moelleux et plus éclatant à la fois.

Bref, les deux émaux de la collection de M. Davoust placent, semble-t-il, Jean II Limosin au premier rang parmi les émailleurs de son temps, et s'il eût vécu quatre-vingts ans plus tôt, ils permettent de supposer que leur auteur eût occupé une place honorable dans la grande pléiade des artistes du xvie siècle.

La seconde pièce de la collection de M. Davoust, *Saint François-Xavier* (n° 1583 du Catalogue de l'Exposition rétrospective d'Orléans en 1876), fait pendant au *Saint Ignace* que nous venons d'étudier : mêmes dimensions, même signature, même disposition et même aspect. Voici seulement les points sur lesquels elle en diffère. La tête du saint est vue de trois quarts à gauche (pour faire face à Saint Ignace). Sur la bande blanche qui entoure l'ovale, se lit la légende : S. FRANCISCI XAVERII (*effigies*). En bas, sur le cartouche :

Sufficit mihi Domine tolle animam meam, 3. Reg. 19.

En haut, à la place des deux anges, sont deux coins de rideaux verts sur paillon d'argent. Au-dessous, deux sortes de corbeilles violettes bordées de turquoise et d'où s'élève une palme violette. Le coloris du soubassement et du cartouche est le même, mais disposé différemment ; le cartouche, par exemple, est gris-brun au lieu d'être gris-verdâtre. A part ces petites modifications, tout l'ensemble est identique.

Les productions de Jean II Limosin doivent être d'une assez grande rareté. Nous avons pu cependant en découvrir quelques autres non moins certaines que ces deux premières et que nous allons indiquer.

Dans la magnifique collection de Noury, possédée actuellement par M. de Curzon à Orléans, et comprenant cinquante-trois émaux peints, figure, au milieu de pièces de nos plus célèbres émailleurs de la Renaissance, sous le n° 7 de cette collection, un *Saint François-Xavier*, copié sur le même carton que le précédent et portant la même signature. Nous reproduisons ici encore les notes prises par nous sur l'objet lui-même.

Plaque rectangulaire en émaux de couleur, rehauts d'or, paillons. — Hauteur, $0^m,099$; largeur, $0^m,072$.

Tête de trois quarts à gauche. L'ensemble est exécuté d'après le même modèle que celui de l'émail de M. Davoust représentant aussi *Saint François-Xavier*. Paillon d'argent sous les deux coins de rideau vert qui garnissent le haut de la plaque à droite et à gauche et sous le fond bleu du médaillon central. Ce dernier n'est pas semé d'étoiles d'or comme sur la pièce précédente, mais l'auréole d'or du saint garnit le vide et ses rayons arrivent jusqu'à la bande blanche qui limite l'ovale. Cette bande n'est pas décorée d'enroulements, mais entièrement occupée par l'inscription suivante, tracée en noir, au lieu de brun, et en lettres capitales moins régulières que sur l'émail de M. Davoust, dans la forme des lettres du xviie siècle, sans aucun ornement. (Côté gauche) : VERA EFFIGIES. S. FRANCISC XAVERII. (Côté droit) : SOCIETATIS IESV. OBIIT A°. M. D. LII. ÆT. LII. — Le cartouche inférieur est violet avec petit panneau blanc (au lieu d'un panneau noir) portant en lettres ordinaires noires :

Sufficit mihi Domine
tolle animam meam.

La signature I fleur de lis L, un peu détériorée dans le bas, comme le reste de l'émail, mais bien lisible, est en or sur le champ même du cartouche, à gauche, près de la coquille inférieure. — Revers en fondant.

Cet émail est certainement du même auteur que ceux de M. Davoust, mais d'une fabrication plus commerciale, c'est-à-dire moins artistique et moins soignée. Le goût et l'exécution en sont moins fins. Évidemment, au moment de la grande popularité donnée à ce saint à Limoges par les Jésuites, Jean II Limosin trouva un intérêt pécuniaire à reproduire plus ou moins souvent les portraits de saint François-Xavier et de saint Ignace, comme nous voyons Léonard II ou Léonard III Limosin et H. Poncet exécuter aussi en émail, par grandes quantités, ces portraits que la gravure répandait en même temps. C'était sans doute vers 1623 un article de vente courante. Toutefois, dans ce genre de productions, notre émailleur se montre supérieur de beaucoup à ses collègues que nous venons de citer (1).

Sur l'émail de la collection de Noury, la tête est plus osseuse que sur celui de M. Davoust, un peu plus plate comme modelé de blanc, teintée en chairs du même ton un peu bistre et par le même travail de pointillé et de hachures, mais sans autant de délicatesse ; il y a moins de saillie et de lumière. Les mêmes petits enlevages à la pointe se remarquent dans les cheveux et la barbe ; le col blanc n'est relevé d'aucunes hachures. Le fond bleu paillonné a le même éclat ; le vêtement noir est traité aussi habilement. — La bande blanche se détache un peu plus durement, ainsi que le petit panneau blanc portant la légende inférieure. — Le soubassement est préparé avec les mêmes enlevages à l'aiguille, mais moins réguliers. Les colorations y sont un peu moins rompues et la gamme générale du décor qui entoure le médaillon par conséquent moins fine, ne faisant pas aussi bien valoir la richesse de la partie centrale. — Les rehauts d'or, enfin, sont posés un peu moins délicatement, et les découpures du grand cartouche inférieur s'enroulent ou se replient avec moins de souplesse et une moindre élégance.

Bref, cet émail, à peu près identique à celui de M. Davoust, est exécuté d'une façon un peu plus hâtée, ou plutôt moins amoureusement étudié ; car il est encore charmant, d'un aspect riche, corsé et assez fin. La différence de valeur artistique des deux pièces est sensible pour un œil exercé ; elle serait minime pour bien des examinateurs.

La plaque, qui est en somme fort intéressante, a malheureusement subi tout autour et dans le fond bleu de l'ovale de fâcheuses détériorations que des retouches à froid ne dissimulent que très imparfaitement. Elle est montée dans un petit cadre ancien en bois noir, à moulures ondulées et assez nerveux d'effet ; il est peut-être du temps.

Pour en finir avec ces portraits de saints, nous devons citer l'émail n° 495 du Catalogue du Musée de Brunswick : « Saint

---

(1) Voir ce qui concerne ces émailleurs dans notre *Catalogue des émaux peints de l'Exposition rétrospective de Limoges en 1886*, et dans notre étude sur *les Émaux peints à l'Exposition rétrospective de Limoges en 1886*. — Limoges, Ducourtieux, 1888.

Ignace de Loyola, en buste, avec une bordure ovale ornée de beaucoup de couleurs. Marqué, avec la fleur de lis des Bourbon, I. L. Travail de Jehan II Limosin (mort en 1646). »

Nous sommes évidemment encore en présence ici d'une œuvre semblable à l'émail de M. Davoust que nous avons décrit en premier lieu. Le « saint en buste » et cette « bordure ovale ornée de beaucoup de couleurs » le font facilement présumer. En tout cas la pièce est bien de notre émailleur.

Il ne faut pas voir, dans l'attribution de cet émail à Jean II Limosin par le Catalogue allemand, la preuve d'une classification analogue à la nôtre et déjà faite depuis longtemps. Les rédacteurs s'y sont simplement inspirés, comme toujours, de nos ouvrages français sur la matière. Ils ont pris, comme on le faisait jusqu'ici chez nous, le Jean II de Labarte, et lui ont attribué, ainsi qu'au Louvre, tous leurs émaux portant la signature relevée sur cette pièce sans distinction. Le Jean Limosin qu'ils visent ici est notre Jean I.

Un des résultats immédiats de l'étude approfondie des émaux de M. Davoust a été de nous convaincre qu'il fallait détacher le n° D. 392 du Louvre signé I fleur de lis L des autres ouvrages portant ou non la même marque et classés indistinctement à notre grande collection publique, dans l'œuvre d'un seul et même Jean Limosin, comme nous l'avons dit au début de ce travail (1).

Cette délicieuse petite plaque, représantant *L'amour divin vainqueur de l'amour profane*, ne ressemble en rien aux autres numéros de la galerie d'Apollon attribués au même émailleur (notre Jean I Limosin); il est certainement dû à l'auteur des émaux de M. Davoust. Il est placé dans la vitrine plate de la dixième fenêtre. Voici comment M. Darcel décrit cet émail :

« D. 392. — Plaque rectangulaire. — Hauteur, 0^m,106 ; Largeur, 0^m,075. — XVIIe siècle. — *L'amour divin vainqueur de l'amour profane*. — L'amour divin couronné et nimbé, avec cette inscription dans le nimbe : DIVINUS AMOR, ailé, vêtu d'une tunique qui le laisse à moitié nu, chaussé de brodequins, foule aux pieds l'amour renversé à terre, sur son carquois, ses ailes à moitié coupées, les yeux couverts d'un bandeau qui porte ce mot *Cupido*, les bras liés derrière le dos. L'amour divin, un arc de la main

---

(1) On doit aussi en détacher le n° D. 389, *Ecuelle ovale garnie d'argent*, mais c'est à Léonard II ou Léonard III Limosin qu'il faut attribuer cette pièce, comme nous le dirons plus loin.

gauche, montre de la droite, qui porte deux flèches, un petit crucifix. Dans une auréole radiée qui, au-dessus du sommet de la croix entoure le monogramme IHS, plane une colombe. L'inscription : *Ignem veni mittere terram* suit la direction de l'un des rayons. Sur une banderole qui entoure le pied du crucifix, cette autre inscription : *Amor meus crcifi[xus]*. Au fond une foule de personnages en costume religieux debout, en adoration devant le crucifix. Au-dessous du sujet un listel chargé d'un ornement, avec le monogramme I fleur de lis L tracé en or. » Le revers est en fondant.

On trouve exactement sur cette pièce la même méthode, le même goût, les mêmes procédés, le même effet que sur les émaux de M. Davoust. C'est la même habileté, le même aspect clair, éclatant et fin, le même charme.

La comparaison sur place est ici facile avec la série des grands émaux du premier Jean Limosin, d'un style si différent. Dans l'*Amour divin*, le dessin est plus maniéré que chez Jean I, un peu faible comme art, mais agréable, moins anguleux et moins sec, les formes pleines. Le modelé est aussi léger mais plus fondu, même un peu mou. Les carnations un peu plus corsées recouvrent entièrement les nus, sans que les lumières y soient ménagées absolument en blanc; elles sont posées par lavis rechargé de hachures assez larges et d'un pointillé très apparent, exactement de la même façon et du même ton rose-brique qu'aux émaux de M. Davoust; sur les rotules des genoux, aux coudes et surtout sur les pommettes des joues, les chairs sont renforcées d'un ton rose plus vif. Les traits de la figure sont tous ressuivis en brun. Des enlevages assez libres et un peu secs, non croisés, sont pratiqués dans les nus. — La pièce est d'un beau glacé.

La plaque a été émaillée d'abord d'un fond noir général, recouvert ensuite de paillons d'argent aux ailes et aux draperies, et de préparation blanche partout ailleurs, modelée uniquement par enlevages à la pointe (comme procédé, la marche est exactement la même qu'aux émaux de M. Davoust). Puis les colorations, toutes translucides, ont été étendues à la spatule, les nus modelés en blanc et glacés de tons de chair et enfin les rehauts d'or appliqués un peu partout. Ils ne sont pas trop abondants, posés comme chez Jean I d'une façon un peu sèche, mais avec beaucoup de soin et d'habileté ; leur délicatesse dans le paysage rappelle un peu les rehauts de *Vénus et Adonis*, émail de François Limosin exposé à Limoges en 1886 sous le n° 68 et appartenant à M. Camille Marbouty, de cette ville. Dans le ciel, les rayons d'or sont absolument analogues à ceux de Jean I. Les lettres des inscriptions sont bien tracées et rappellent tout-à-fait par leur forme les inscriptions des émaux de M. Davoust.

Le coloris est riche, brillant, plus varié et d'un effet beaucoup plus agréable que celui de Jean I, rappelant aussi exactement celui des émaux que nous venons de citer et qui nous ont servi de point de départ pour la classification indiquée dans cette étude. On ne retrouve plus ici cet air triste et sévère des œuvres de Jean I Limosin ; au contraire le sujet est plus grassement exécuté et plein d'éclat.

La foule des personnages de l'arrière-plan est très habilement traitée, ce qui présentait une réelle difficulté ; les figures en sont nettes sans dureté, se perdant peu à peu dans le fond dont elles finissent par adopter le ton bleu.

Il faut convenir que l'attitude de l'*Amour divin* est gauche et sans grâce, sa tête ronde et sans esprit, caractères qui se retrouvent exactement sur les anges du *Saint Ignace* que nous avons étudié d'abord, mais que nous n'avons jamais rencontrés de cette façon sur les ouvrages de Jean I, chez qui les faiblesses du dessin, anguleux et sec, sont tout autres. Les défauts que nous venons de signaler ne sautent néanmoins aux yeux qu'au second examen et ce qui frappe d'abord, c'est le charme de l'ensemble. Jean II sait détacher avec beaucoup d'éclat ses nus sur les fonds, enrichir et varier sa couleur, ce qui n'était pas dans le tempérament de Jean I. Dans la disposition des détails et accessoires, il montre du goût et un sentiment réel de la décoration. Il est très minutieux dans son exécution, mais sans mièvrerie, et l'aspect de ses travaux est toujours corsé. Que ne travaille-t-il au xvi° siècle !

L'examen de cette charmante pièce, qui est tout un petit tableau, vient très heureusement s'ajouter à celui des émaux de M. Davoust, en permettant d'apprécier le talent de Jean II d'une façon plus complète. Cette plaque, comme celles d'Orléans, est percée d'un petit trou à chaque angle.

C'est à la même époque environ et sous la même inspiration, que cet émail a dû être exécuté. On reconnaît bien, en effet, dans la recherche du sujet allégorique, le goût rien moins que simple qu'imprimait alors à toutes les productions de l'art nées sous ses auspices, la savante Compagnie de Jésus. Le monogramme qu'elle aimait à adopter, IHS, se voit au-dessus de la croix, comme il se trouvait au haut des deux émaux d'Orléans ; là il dominait, sous une croix, le Cœur divin percé des clous, ici il est placé sur la croix et surmonté d'une colombe planant. C'est évidemment à la même source qu'était puisée l'idée de ces arrangements ingénieux.

Il est tellement hors de doute, après l'examen des émaux de

M. Davoust, que le n° D. 392, du Louvre, *l'Amour divin vainqueur de l'Amour profane*, doit être attribué à un Jean Limosin différent de celui qui a produit les autres grandes pièces de ce Musée, et celles que l'on connaît généralement de lui, que M. Darcel, sans s'en expliquer, semble classer à part cet émail dans sa notice. Il l'inscrit, en effet, sous le dernier numéro des ouvrages de Jean Limosin et il en reproduit la marque en fac-simile ; son attention semble avoir été attirée par cette pièce, qu'il ne se résout peut-être que difficilement à classer sous la même rubrique que les précédentes.

La marque qu'il nous donne se compose d'un I et d'un L plutôt *surmontés* d'une fleur de lis que séparés par elle. C'est aussi la disposition des signatures sur les émaux de M. Davoust (1), tandis que sur l'émail *Notre-Dame-de-Pitié*, appartenant à M. le chanoine Arbellot à Limoges et exposé en 1886 sous le n° 62, pièce dont le style bien accentué accuse sans aucun doute le travail de Jean I Limosin, le sigle est le même, mais avec cette différence, que la fleur de lis est placée entre l'I et l'L à la même hauteur que ces lettres et ne les dominant pas. En voici, du reste, le fac-simile.

× I ⚜ L ×

Nous nous bornons à indiquer ces variantes d'un même monogramme sans prétendre en retirer autre chose qu'une première observation, le nombre des pièces examinées à ce point de vue ne permettant aucune conclusion ; nous ferons seulement remarquer que les ouvrages fournissant ces légers indices sont des émaux appartenant les uns d'une façon incontestable à Jean II, l'autre à Jean I Limosin.

En prenant au Louvre les notes que nous venons de transcrire sur l'émail ci-dessus, nous fûmes frappé de l'analogie qui existe entre la tête de *l'Amour divin*, d'une physionomie si particulière, et celle de la *Sainte Madeleine* de M. Elie Berthet, de Paris, exposée à Limoges en 1886 sous le n° 73 *bis*. L'expression, le soin et la méthode d'exécution sont exactement les mêmes ; la *Sainte Made-*

---

(1) Pour la signature du n° D. 392 du Louvre, voir le fac-simile donné par M. Darcel, dans sa *Notice des émaux du Louvre*, édition de 1883, p. 182 ; la fleur de lis y est franchement au-dessus des deux lettres. — Quant aux émaux de M. Davoust, voir la reproduction exacte du sigle sur la planche qui est en tête de cette brochure. Nous avons aussi cité, p. 11, dernières lignes, la mention de ces pièces par M. le Dr Patay, qui dit que les initiales I. L. y sont « *surmontées* d'une fleur de lys. »

leine diffère toutefois de la pièce du Louvre à laquelle elle est absolument inférieure, par le manque de richesse dans le coloris et l'aspect blafard de ses carnations. Si l'on se reporte au *Catalogue de l'Exposition de Limoges*, on verra que nous fûmes fort embarrassé pour le classement de cette pièce que nous déclarions seulement avoir dû être exécutée par « un artiste contemporain de Léonard II ou Jean Limosin », c'est-à-dire produisant dans le premier quart du xviie siècle environ. Serait-elle des débuts de Jean II Limosin, alors qu'il aurait subi l'influence de Jean I ou des derniers Léonard, et qu'il n'aurait point encore nettement dégagé sa personnalité, comme il le fit vers 1623 ? Nous ne pencherons guère vers cette hypothèse. On voit sur la *Sainte Madeleine* la même devise que sur l'émail du Louvre : AMOR MEVS CRVCIFIXVS EST.

Par certains rapprochements établis au Catalogue à propos de l'émail de M. Berthet, on pourrait chercher peut-être à étendre le nombre des attributions d'émaux à Jean II Limosin ; nous nous contenterons de renvoyer aux indications du Catalogue à cet égard, craignant de faire fausse voie dans des appréciations aussi délicates, alors que les pièces que nous visions dans nos observations du n° 73 *bis* ne sont pas plus caractéristiques.

Saint Charles Borromée n'ayant été canonisé par le Pape Paul V qu'en 1610, il est certain que les nombreux portraits de ce saint qui furent faits en émail ne peuvent être l'ouvrage de Jean I mort avant la canonisation. Sont-ils tous dus pour cela à Jean II ? Nous ne le pensons pas. Il existe, en effet, une quantité assez considérable de productions non signées datant de cette époque, peu remarquables au point de vue de l'art et qui pouvaient être le travail d'ouvriers employés dans les ateliers des maîtres émailleurs, ouvriers qui s'étaient procuré les calques des cartons en vogue et les reproduisaient à bon marché tant bien que mal.

C'est ainsi que nous expliquerons la production de l'émail de M. Du Boys (n° 63 du Catalogue de l'Exposition de Limoges) et représentant *Le Christ en croix avec un donateur à ses pieds*. Il rappelle assez bien, quoique d'une facture un peu négligée, le faire et le coloris de Jean I Limosin, et porte en bas la date de 1622. Aussi, après l'Exposition (1), avions-nous, sous toutes réserves, émis l'opinion que cet émail pouvait être l'ouvrage de Jean II Limosin, ou d'un élève et continuateur de Jean I, comme nous l'avons indiqué

---

(1) *Les émaux peints à l'Exposition rétrospective de Limoges en 1886*, page 64.

déjà au début de ce travail. Depuis que nous avons eu connaissance des émaux de M. Davoust, il est devenu certain pour nous que la seconde de ces hypothèses était seule admissible. Il n'y a pas de rapports, en effet, entre l'aspect éclatant et précieux des émaux d'Orléans et celui du *Christ en croix* de l'Exposition de Limoges. Il devient d'autant plus vraisemblable que ces deux émaux ne sont pas de la même main que leurs date ou sujet dénotent qu'ils ont été exécutés à peu près à la même époque.

Il ne nous reste maintenant à signaler, dans l'œuvre de Jean II Limosin, afin d'indiquer d'une façon complète tout ce qui nous semble pouvoir lui être attribué aujourd'hui, que quelques pièces inconnues de nous, mais citées dans les ouvrages spéciaux.

C'est d'abord la girouette exécutée en 1619 pour l'église de Solignac, que M. Maurice Ardant décrit ainsi (1) : « Elle a bien son mérite à mes yeux, quoique fort petite. C'est une double girouette jadis placée sur la tête du coq de l'église de Solignac. Elles ont la forme d'écussons, où sont peintes sur émail les armoiries d'un abbé commendataire de ce célèbre monastère, Jaubert de Barraud, baron de Blagnac, évêque de Gap : *à la croix noire chargée de cinq coquilles sur champ d'or*. On lit sous l'écusson I. L., séparés par une fleur de lis, et la date de 1619. Au revers, sur l'émail incolore : *Jehan Limosin, émailleur du roy*, 1619. » Nous ignorons ce qu'est devenue cette girouette depuis l'époque où en a parlé M. Ardant (2). En tout cas, la perte de ce document ne doit pas être très considérable à un certain point de vue, car s'il établissait positivement l'existence d'un Jean Limosin émailleur en 1619, il ne devait rien apprendre quant à sa manière, la pièce ne portant pour tout décor que des armes. Il en ressort toutefois, que ce Jean Limosin, qui est bien notre Jean II, portait le titre d' « émailleur du roy ». C'est sans doute là ce qui explique la fleur de lis placée dans son monogramme, comme nous l'avons vu sur tous les émaux ci-dessus.

Une pièce d'un prix considérable et très connue dans le monde de la curiosité, est un coffret que nous trouvons décrit pour la

---

(1) *Les Limosin*, p. 12. — Limoges, 1859, in-8º.

(2) Nous avons vainement consulté, à ce sujet, les personnes au courant depuis longtemps des questions d'art et d'archéologie de notre contrée ; aucune n'a gardé le souvenir de cette girouette et n'a pu nous dire en quelles mains elle avait passé. Il eut été intéressant d'y vérifier la position de la fleur de lis entre l'I et l'L, et de voir si elle *surmontait* ou *séparait* simplement les initiales.

première fois par M. Jules Labarte, dans son beau Catalogue de la collection Debruge-Duménil, en 1847. Voici ce qu'on y lit :

« 774. — Coffret de forme oblongue. — Il est formé de dix plaques d'émail réunies par des moulures en argent doré. Le couvercle est divisé en trois parties, une plate-forme sur le sommet et deux rampants, présentent chacune un sujet : *la chasse au cerf, le triomphe de Bacchus, Cérès traînée dans un char par deux lions;* sur chacune des plaques qui forment les côtés du couvercle, une femme nue entourée d'animaux sauvages.

» Sur le devant du coffret, une danse de sept personnages vêtus de riches costumes de fantaisie. Sur l'une des faces latérales, un homme et deux femmes; sur l'autre, deux hommes et une femme exécutent une sarabande : ces personnages portent le costume de la fin du règne de Henri IV. Le fond de ces trois faces est parsemé d'étoiles d'or, de papillons et d'oiseaux de diverses couleurs.

» La face postérieure du coffret est en émail bleu-céleste, décoré d'un tournesol au milieu, de papillons dans les angles, et sur tout le surplus du champ, d'un semis de chiffres composés de deux A entrecroisés, dont un renversé, flanqués de quatre S barrés. Ce chiffre est celui adopté par Anne d'Autriche (*Anna Austriaca*), femme de Louis XIII. L's barré est la première lettre de la devise de la maison de Navarre, SPES, et aussi de la devise de la maison de Bourbon : SUM QUI SUM. Ce semis d'A croisés l'un sur l'autre se voit très fréquemment sur la couverture des livres et sur d'autres objets qui sont connus pour avoir appartenu à la reine Anne d'Autriche. Cette circonstance et la richesse de ce coffret, qui est un des plus beaux ouvrages de Jean Limosin, ne permettent pas de douter qu'il n'ait été fait pour elle. Au bas de la plaque de devant se trouve le monogramme I. L. Jehan Léonard (Limousin).

» Peintures en émaux colorés. — Hauteur, 22 cent., longueur, 31, largeur, 16. »

A l'introduction du même ouvrage, p. 191, M. Labarte, parlant toujours du même coffret, et ne distinguant pas d'ailleurs deux Jean Limosin, nous dit : « Jean Limousin florissait au commencement du XVIIe siècle. Le coffret de notre collection, n° 774, fait pour Anne d'Autriche, et qui ne peut être par conséquent antérieur à 1615, montre qu'à cette époque il était dans toute la force du talent..... Cet artiste se fait surtout remarquer par l'exquise délicatesse de ses petites figures ; les arabesques, les fleurs, les oiseaux exécutés sur paillon, dont il accompagne ses compositions, sont ravissants. »

M. Ardant, qui avait cherché, comme nous l'avons déjà dit, à répartir, ainsi que nous le faisons aujourd'hui, les travaux des

Jean Limosin entre deux artistes, le père et le fils, le premier mort avant 1610, mais qui avait manqué pour cela d'un point de départ positif étudié *de visu*, comme nous avons pu le faire avec les émaux de M. Davoust, et qui classait d'instinct, sans méthode scientifique et sans compétence sérieuse, ne laisse point passer toutefois la description de M. Labarte sans en tirer profit. Voici ce qu'il dit (1) : « La richesse de ce coffret et la beauté du travail ne permettent pas de douter qu'il n'ait été fabriqué pour Anne d'Autriche, femme de Louis XIII, roi de France et de Navarre. Mais comme leur mariage n'eut lieu qu'en l'année 1615, longtemps après la mort de Jehan I Limosin, il faut nécessairement attribuer le mérite de ce brillant travail à son fils Jehan II. »

Nous le penserions volontiers aussi et c'est pour cela que nous nous étendons ici sur cette importante pièce. Nous ne la connaissons que par les grandes reproductions en noir et couleurs qu'en a donné M. du Sommerard, dans *Les Arts au moyen-âge*, émaux peints, planche 34. Ce que nous avons pu en apprécier par là nous engage singulièrement à attribuer ce beau coffret à Jean II plutôt qu'à Jean I Limosin. Il semble avoir l'aspect clair, gai et éclatant des travaux de notre émailleur, sa finesse et sa grâce cherchées; il n'a certainement pas l'air sombre et triste qui se rencontre sur les ouvrages de Jean I avec un souvenir affaibli, mais non encore complètement effacé chez ce dernier, de la noblesse de style de la grande époque. Jean II renonce franchement à rechercher cette grandeur d'allures qui n'est plus de mode et qu'il ne saurait atteindre, il se borne à plaire, en faisant brillant et fort joli. Ce coffret qui, par sa richesse, dénote une destination peu commune et une commande comme devaient en recevoir fort rarement nos émailleurs de cette époque, nous semble donc pouvoir appartenir à Jean II Limosin, aussi bien par son style que par sa date.

A l'appui de notre opinion, nous invoquerons l'autorité de M. le comte L. de Laborde, qui s'exprime ainsi au sujet de cette pièce (2) : « Collection Soltikoff. — Un coffret orné de chiffres qui laissent

---

(1) *Les Limosin*, p. 8 et 9. — *Ibid*. Il reconnaît le peu de valeur de son classement, car il ajoute un peu plus loin : « Je n'ai pu dans mes visites à ce Musée (le Louvre) bien saisir les différences entre les œuvres du père et du fils ; je crois pouvoir déclarer pourtant que celles de ce dernier ont plus d'éclat. » Le n° 392, *L'Amour divin* ne faisait pas alors partie de la collection du Louvre qui ne comprenait que les premiers numéros de la série réellement dus à Jean I Limosin. La distinction, exacte d'ailleurs, que croyait y faire M. Ardant, était donc purement imaginaire, puisqu'aucune œuvre de Jean II n'y figurait à ce moment.

(2) *Notice des émaux du Louvre*, édition de 1857, page 292, note 3.

penser qu'il a été fait pour Anne d'Autriche. Comme cette princesse est arrivée en France en novembre 1615, c'est après cette date qu'il faut en reporter l'exécution, et les costumes du règne de Henri IV, qu'on remarque sur l'une de ces plaques, conviennent encore à cette époque. »

A la vente de la collection Debruge-Duménil, en 1849, ce coffret fut acheté par le prince Soltikoff. — La collection de ce dernier s'étant vendue à son tour en 1861, le coffret (nº 352 du Catalogue) y atteignit le chiffre fabuleux de 48,200 francs ! Beau prix pour un émail du xviiᵉ siècle. — Nous voyons enfin réapparaître ce précieux objet l'année suivante à la grande Exposition rétrospective qui eut lieu en juin 1862 à Londres au South Kensington Museum. Il y est classé sous le nº 1865 du remarquable Catalogue descriptif et raisonné, dressé à cette occasion par M. Robinson, surintendant des collections artistiques du Musée de South Kensington. Cet auteur nous apprend que c'est d'après des gravures d'Etienne de Laulne, publiées en 1575, que sont exécutées les petites plaques des extrémités du couvercle où sont peintes des figures de femme représentant l'Afrique et l'Asie. Il pense que le chiffre inscrit sur le coffret et qu'il lit AV croisés (au lieu de deux A croisés et dont l'un serait renversé) pourrait mieux s'appliquer à Marguerite de Valois, femme de Henri IV à la fin du xviᵉ siècle, qu'à Anne d'Autriche. Nous croyons, comme les auteurs que nous avons cités avant lui, qu'il convient plutôt d'y lire le monogramme de cette dernière, non seulement à cause des A et des S dont est semé le coffret, mais à cause de son style qui semble indiquer plutôt le commencement du xviiᵉ siècle (1).

Nous citons sous toutes réserves le nº 2505 du Catalogue de l'Exposition qui eut lieu en 1865 au Palais de l'Industrie à Paris et qui porte le nom de *Musée rétrospectif :* « Plaque rectangulaire. « Le vray portrait du très-vertueux prélat messire François de Salles, euesque et prinse. » Signé I. L. Jean Limousin. Limoges. (Fin du xviᵉ siècle). »

Cette pièce, qui appartenait à M. Ch. Davillier, ne peut être de la fin du xviᵉ siècle, saint François de Salles n'ayant été nommé évêque de Genève qu'en 1602. Il se pourrait donc peut-être, qu'elle fut l'œuvre de Jean II, Jean I n'ayant pas dû survivre longtemps à

---

(1) M. Robinson n'expliquerait pas l'S qui répond bien au contraire à la devise indiquée par M. Labarte. Comment le coffret n'eût-il pas alors porté plutôt un M ?

cette date ; nous ne pouvons nous prononcer, ne connaissant pas l'émail.

Nous devons mentionner enfin, pour être complet, deux émaux cités par M. Jules Labarte (1) et au sujet desquels on verra combien était peu fondée la classification qu'avait cherché à établir M. Ardant entre les ouvrages des deux Jean Limosin. Voici comment s'exprime cet auteur compétent : « Nous ne connaissons pas la plupart des émaux cités par M. Ardant, mais nous voyons, par ceux que nous avons eu sous les yeux, que le patient archiviste est tombé dans d'étranges erreurs. Ainsi il attribue à Jean I les portraits de Henri II, prince de Condé, et de Charlotte de Montmorency, sa femme, qui appartenaient à la collection Debruge (2). Le mariage de Henri II de Condé est de mars 1609 ; or, on a vu que Jean I Limosin est mort de 1602 à 1610 au plus tard. Ces portraits sont au surplus empreints du style des émaux appartenant au commencement du XVIIe siècle ; ils ne peuvent avoir été peints que par Jean Limosin, deuxième du nom. »

Nous serions assez de l'avis de M. Labarte. Ce dernier, du reste, se borne à faire cette observation et ne tente nullement d'établir la manière propre de chacun de ces deux émailleurs ; il réunit au contraire toutes leurs productions sous le nom unique de Jean II. Nous ne connaissons point les pièces dont il parle.

Voici les renseignements que nous avons pu recueillir jusqu'à ce moment sur l'œuvre de Jean II Limosin. A l'aide de ces données, on trouvera certainement à étendre la liste de ses productions, la plupart du temps sans doute en réduisant d'autant celle du seul Jean auquel était attribué l'ensemble des pièces portant la marque de nos deux émailleurs.

Il ne sera peut-être pas sans utilité de terminer cette étude par un examen sommaire des ouvrages de Jean I Limosin possédés par le Musée du Louvre, la grande école où il faut toujours revenir pour l'étude des diverses branches de l'art, et en particulier de celle de notre province. Bien guidé, on s'instruira mieux en quel-

---

(1) *Histoire des arts industriels au moyen-âge et à l'époque de la Renaissance*, t. IV; *Émaillerie*, p. 130. — Paris, Morel, 1866.

(2) Nos 778 et 779, passés depuis dans la collection de M. Sellières. Ils se font pendant (hauteur, 0^m,08 ; largeur, 0^m,06), et furent vendus en 1849 avec la collection Debruge, 500 francs chacun.

ques jours dans la galerie d'Apollon qu'à la lecture des plus longs traités. De même que de l'examen des travaux certains de Jean II Limosin nous avons pu faire ressortir la manière propre de cet émailleur, de même, de l'étude des principaux ouvrages de Jean I se détachera la personnalité artistique de ce dernier et la distinction que nous avons établie sera alors appuyée de part et d'autre, d'une manière raisonnée, sur des bases certaines. Aussi bien M. le comte L. de Laborde traite-t-il beaucoup trop sévèrement, à notre avis, Jean I Limosin (1), et convient-il de reconnaître son mérite (2). Nous ne pouvons mieux faire, pour indiquer les pièces, que d'emprunter la partie descriptive de la savante notice de M. Darcel.

« D. 382. — Plat ovale (première vitrine verticale). Fin du XVIe siècle. — Hauteur, 0^m,390 ; Largeur, 0^m,490. — *Esther aux pieds d'Assuérus*. — A gauche, Assuérus est assis sur un trône placé sur une estrade en avant d'un pavillon à rideaux. Quatre personnages sont en arrière-plan, aux pieds du trône. Esther s'agenouille, tandis que le roi la touche de son sceptre. Deux suivantes relèvent les plis de son manteau. Au fond, à droite, en arrière de degrés qui descendent, Assuérus, couronne en tête, sceptre en main, couché sur son lit, aux pieds duquel se tiennent debout trois personnages, l'un lisant, l'autre parlant, le troisième portant une torche.

» Par la porte cintrée, ouverte au fond et gardée par des soldats, on voit Mardochée à cheval conduit par Aman, dont la potence se dresse au fond. Aux pieds du trône, dans un cartouche carré, la signature : IEHAN LIMOSIN.

» Marly. Ornements d'or, en forme d'S feuillagés, séparés par des flèches.

» Bord. Quatre médaillons comprenant en haut, une tête de séraphin ; à droite, un buste d'homme cuirassé ; à gauche, un buste de femme à tête laurée ; au bas, un buste de femme vue de face. Trois enfants chevauchant des dauphins ou sonnant de la trompe, placés au milieu de rinceaux de feuillages occupent le champ resté libre entre les médaillons.

» Revers. Au centre, dans un médaillon ovale, un buste d'homme barbu. Deux grandes figures de femmes, terminées par des draperies, accompagnent le médaillon en se combinant avec des la-

---

(1) *Notice des émaux du Louvre*, édition de 1857, p. 292 : « C'est à peine s'il a droit au titre d'artiste ; c'est un ouvrier intelligent..... »

(2) Voir relativement à ses émaux exposés à Limoges en 1886, nos *Émaux peints à l'Exposition rétrospective de Limoges en 1886*.

nières découpées qui forment des cartouches comprenant des têtes d'enfants dans le haut et dans le bas. Fond semé de fleurs d'or. Sous le bord une couronne de feuilles de laurier en or. »

Cette très grande pièce, d'une admirable conservation, est d'un coloris brillant et fort riche ; le dessin en est bon, il se rapproche même un peu par son style de celui de la grande époque. Elle est d'un bel arrangement et d'une exécution fort remarquable. Sans doute, on n'y trouve plus la grande allure et l'effet magistral des œuvres de Léonard, mais si l'on tient compte de l'époque à laquelle travaillait Jean I Limosin, on avouera qu'il y fait preuve d'un talent réel et, en somme, peu commun pour son temps. La touche est malheureusement un peu sèche, comme toujours, le goût sans beaucoup d'ampleur, le coloris un peu sombre : des fonds noirs, du vert et du bleu, voilà à peu près toute la gamme, avec force paillons sous presque tous les vêtements ou draperies.

En étudiant la pièce de plus près, on remarque une certaine souplesse dans l'exécution, par exemple l'emploi simultané, comme chez Léonard, des divers procédés pour varier les effets: de grandes parties sont en apprêt de noir sur fondant, d'autres sur modelé blanc préalable, d'autres encore sur paillon, ailleurs enfin c'est un fond noir avec décor léger, comme sur le marly, ou camaïeu d'or sur la bordure intérieure qui touche au marly. L'émailleur connaît toutes les ressources de son art et il les utilise simultanément, non plus certes avec ce grand goût dont les belles œuvres du plein XVIe siècle portent la fière empreinte, mais d'une façon fort habile. Ainsi, par exemple, avec un seul et même émail vert que l'artiste a employé pour colorier les grands rideaux du trône, ceux du lit, les dallages du premier plan et les bandes des manches d'Esther, il a obtenu aux rideaux du trône exécutés sur apprêt de noir laissant transparaître l'éclat du métal, un vert un peu jauni et réchauffé par le cuivre; dans les rideaux du lit et aux dallages du premier plan, au contraire, traités d'abord en grisaille, le blanc sous-jacent communique au vert un ton plus franc, un peu bleuâtre et plus corsé; enfin, aux bandes des manches, le paillon d'argent appliqué sous l'émail lui donne une vivacité et un éclat spécial (1).

L'or est employé en grande abondance, semé notamment dans les fonds en pointillé ou petits traits, en petits enroulements sur le marly ; tous les plis des vêtements sont redessinés et éclairés en or

---

(1) Nous négligeons ici les notes relevées par nous au point de vue purement technique, malgré leur intérêt, afin de pas étendre par trop les proportions de cette étude.

par traits secs et minces, posés également du côté de l'ombre et du côté de la lumière. — Les nus paraissent modelés sans enlevages à la pointe, en épaisseur de blanc moyenne, plutôt même légère; ce blanc bien glacé est assez transparent. — Les tons de chair sont extrêmement légers, nuls ou à peu près dans les lumières, bien fondus et renforcés avec exagération en rose vif notamment sur les pommettes des joues (1). — Si le coloris est trop également sombre, comme nous l'avons dit déjà, il a de la vivacité et de l'éclat, dans les bleus et les verts sur paillons d'argent notamment. Il en résulte aussi un peu de dureté et beaucoup de monotonie dans l'aspect.

C'est du reste là une des principales critiques à adresser à Jean I Limosin, et un des points sur lesquels il se montre (comme tous ses contemporains d'ailleurs) grandement inférieur à ses devanciers. Il n'a pas l'entente de l'« effet » : aucune opposition de lumière ou de couleur, tout l'ensemble est d'une valeur égale.

Nous avons dit que le dessin conservait encore quelque chose de celui des maîtres du milieu du xvie siècle. En effet, il est nonseulement assez correct, mais même empreint de caractère, par exemple, dans les têtes et les bras des figures. Les deux médaillons d'homme et de femme qui sont à droite et à gauche dans le marly sont remarquables, celui de l'homme, à droite, surtout; ce buste de guerrier antique est digne, comme dessin, couleur et exécution, des artistes de la grande époque. Les petits amours du marly sont gracieux et facilement traités.

En somme, il fallait être plus qu'un ouvrier habile pour exécuter ainsi une œuvre de cette importance.

Ce plat est supérieur, par exemple, au n° D. 593, autre plat, de même forme et dimension, signé : SVSANNE DE COVRT. F. et représentant *la Reine de Saba apportant des présents à Salomon*. Jean Limosin fait preuve d'un goût plus sobre et plus sévère que cette dernière artiste, sa facture est aussi plus habile. Il faut reconnaître, cependant, que l'œuvre de Suzanne Court qu'il était fort intéressant de rapprocher ici de celle de notre émailleur, à cause de l'importance exceptionnelle de ces deux grands morceaux et de l'analogie assez étroite du talent de leurs deux auteurs, tout en étant d'un mérite un peu inférieur, offre un certain charme qui

---

(1) Nous avons retrouvé plus haut cette même manière de colorier les chairs dans *l'Amour divin* de Jean II Limosin, qui est aussi au Louvre ; mais elle était commune à la plupart des émailleurs du commencement du xviie siècle, à Léonard II ou Léonard III, à François IV Limosin, par exemple, etc.

ne se trouve pas dans le plat d'*Esther et Assuérus*. La couleur de *la Reine de Saba* est moins sombre, et quoique cette pièce pèche aussi par la monotonie et le manque d'effet, elle n'a pas cet aspect triste qu'imprimait à toutes ses productions Jean I Limosin.

Le revers du plat d'*Assuérus* n'est pas sans mérite. Il est orné d'une grande composition traitée avec ampleur, mais dont l'effet est absolument gâté par la teinte de brun translucide posée sur les deux grandes figures de femmes à droite et à gauche du buste central.

Après l'examen détaillé du n° D. 382, qui est, du reste, la pièce capitale de la série, nous glisserons rapidement sur les quelques autres ouvrages de Jean I Limosin possédés par le Louvre et qu'indique la *Notice*.

« D. 383. — Plaque octogone. — Fin du xvi° siècle. — H. 0,047; L. 0,036. (Vitrine de la dixième fenêtre). — Un vieillard à demi recouvert d'une draperie, tient embrassée une femme presque nue, casquée, la main appuyée sur un bouclier à face de Gorgone, qui doit être Minerve. Ils sont assis tous deux sur un tertre en avant de quelques arbres. Au fond, une rivière, une ville et un moulin à vent. Sous les pieds de Minerve, la marque I. L. tracée en or. — Revers opalin. — Monté en cuivre doré. »

C'est une assez jolie petite pièce. Le fond sombre, mais harmonieux, presque exclusivement bleu et vert, les rayons d'or du ciel, les paillons bleus et violets, tout cela est bien de Jean I Limosin. Les nus sont modelés assez délicatement en blanc un peu sec et manquant de finesse. Le dessin est petit. La ville et la rivière sont fort jolies. Cette scène est exécutée sur paillon pour les draperies, et sur préparation blanche pour le reste, avec enlevages dessinant le sujet sur le fond noir général.

« D. 384. — Plaque rectangulaire repoussée. — Fin du xvi° siècle. »

Nous n'avons pu trouver, dans la galerie d'Apollon, cette pièce qui représente une tête de Christ, d'après la *Notice*. Elle n'y est certainement pas exposée.

« D. 385. — Croix. — Fin du xvi° siècle. — H. 0,056; L. 0,050. (Vitrine de la dixième fenêtre). — Face. Le Christ en croix, à nimbe radié, couronné d'épines, attaché par trois clous. — Revers. La Vierge, nimbée, debout, les mains jointes, les cheveux tombants, vêtue d'une robe violette et d'un manteau bleu. Grisailles sur fond noir orné de fleurs sur paillon et de fleurons d'or. Fond noir. — Monture en cuivre doré. »

Le Christ blanc, d'un beau glacé et d'un assez bon travail, se détache avec éclat sur un fond noir très brillant. L'aspect de la pièce est bien celui des travaux de Jean I Limosin.

« D. 386. — Plat ovale. — Fin du xvie siècle. — H. 0,380; L. 0,505. (Quatrième vitrine verticale). — *La femme d'Urie.* — Au centre de la composition, la femme d'Urie, à moitié nue, est assise sur la margelle d'un bassin, les pieds dans l'eau. Une femme s'avançant de la gauche lui présente des tablettes; une autre la peigne. Deux autres sont placées en arrière, à droite. Du même côté, une fontaine ornée d'un cheval ailé qui galope au-dessus d'un homme couché, sur un soubassement garni de sirènes aux angles et d'une tête de lion sur l'une de ses faces, alimente un premier bassin où est posé un paon, et se déverse dans le second bassin où Bethsabée plonge ses pieds. Un berceau de feuillages, supporté par des termes, s'enfonce au centre en avant des édifices d'un palais. David est placé à gauche au sommet de l'une des terrasses; à droite, dans le lointain, un ermite, qui doit être le prophète Nathan, se dirige vers sa cellule.

» Marly orné d'arabesques d'or sur fond noir.

» Bord orné d'un buste dans un médaillon à chaque extrémité du grand axe, et de deux mascarons aux extrémités du petit, séparés par un monstre à buste humain, posé de face entre deux longs dragons fantastiques.

» Revers. Un grand cartouche elliptique, en cuirs découpés et contournés se combinant avec des lanières de bordure intérieure et extérieure, chargé de deux mascarons suivant le grand axe, et de deux mascarons sur un buste, suivant le petit axe. Couronne de lauriers en or sous le bord. Grisailles dessinées par enlevage. Fond noir semé d'or. »

Ce grand plat, analogue au n° D. 382, *Esther et Assuérus,* lui est inférieur par son exécution. C'est toujours le même coloris vert et bleu, sombre, triste et sans effet. Les nus sont modelés plus lourdement, presque sans transparence. Le dessin et le goût sont plus faibles. La disparition presque totale des tons de chair et l'aspect général sans finesse indiquent que la pièce a été légèrement brûlée à la cuisson; elle est du reste un peu déformée, rayée de craquelures, et présente une bien moins belle réussite que le n° 382 dont la magnifique venue était fort difficile à obtenir dans ces dimensions.

« D. 387. — Plat ovale. — Fin du xvi° siècle. — Hauteur, 0,390 ; Largeur, 0,300. (Vitrine de la neuvième fenêtre). — *L'Enlèvement d'Europe*, d'après la composition de Virgilius Solis. Au centre, deux femmes éplorées à genoux au milieu d'une prairie où paissent deux taureaux. Au fond, à gauche un taureau blanc enlevant Europe à travers un fleuve. Arbres et ville dans le fond, ciel. — Marly noir uni. — Bord décoré d'une guirlande formée de quatre vases ovoïdes opposés deux à deux, d'où naissent des ornements symétriques. — Revers. Au centre, dans un médaillon ovale, un buste de femme tourné de profil à gauche, chairs en grisaille. Sous le bord quatre camaïeux blancs alternant avec quatre fleurons, et séparés par des rosettes d'or. Fond noir-bleu. »

Le dessin, le goût et l'exécution de cette pièce la rendent de beaucoup inférieure aux précédentes. La bordure du marly est lourde et mal agencée, le dessin des personnages mauvais. Les nus sont modelés comme nous l'avons remarqué déjà, sans enlevages à l'aiguille, et glacés de tons de chair extrêmement légers. Les paillons d'argent sont boursoufflés, comme sur le plat d'Assuérus, du reste (1).

« D. 388. — Salière pentagone en piédouche, garnie en cuivre doré au xvii° siècle. — xvii° siècle. — Hauteur, 0,108 ; Diamètre, 0,160 avec la monture. (Deuxième vitrine verticale). — Dans la cavité destinée à recevoir le sel, le buste de Louis XIII enfant se profile à droite, couronné de lauriers et vêtu d'une cuirasse gravée, au-dessus de laquelle la croix du Saint-Esprit pend à un cordon bleu. Sur chacune des faces, une vertu debout et caractérisée par ses attributs. La Charité, allaitant un enfant et appuyant sa main sur la tête d'un autre. La Justice, le bandeau relevé sur le front, marche tenant l'épée levée et une balance. La Tempérance, versant d'une aiguière dans un calice. La Force, portant une colonne. La Prudence, se regardant dans un miroir qui a disparu. — Contre-émail violet orné de fleurs de lis, de rosaces, d'étoiles et de point d'or. » (2).

---

(1) C'est-à-dire que l'adhérence de la feuille de métal à la première couche d'émail sous-jacente n'a pas eu lieu sur toute sa surface et l'air, emprisonné par endroits, a soulevé fortement le métal en se dilatant pendant la cuisson. Il va sans dire que ce résultat, qui est un défaut de fabrication, est très fâcheux pour l'effet et la conservation de l'émail.

(2) Jean I Limosin paraît avoir exécuté souvent des objets de ce genre. Ainsi au Musée de Brunswick, sous le n° 1 du catalogue des émaux peints,

Cette salière est charmante, quoique écrasée par sa monture, d'un beau glacé, d'un effet très brillant et très décoratif. Tous les vêtements sont exécutés sur paillons d'argent. Les personnages sont très longs, d'un dessin ressenti, d'ailleurs assez incorrect, mais non sans élégance, et dénués de la gaucherie que nous avons remarquée sur les petites figures de Jean II Limosin. L'émailleur y est relativement sobre de rehauts d'or, et il les pose d'une façon moins sèche que d'habitude. Le modelé des nus est traité au pinceau sans enlevages et d'une épaisseur moyenne; il n'est pas plus correct que le dessin. Les carnations sont appliquées par lavis général à peine accentué.

« D. 389. — Écuelle ovale garnie d'argent. — xviie siècle. — Hauteur, 0,040 ; Longueur, 0,138 ; Largeur, 0,078. (Deuxième vitrine verticale). — Intérieur. Au fond, un buste de femme tourné de profil à gauche ; sur le bord, divisé en quatre compartiments, un semis de fleurs et d'oiseaux. — Extérieur. Sous le bord divisé en six compartiments et sous le fond un semis de fleurs et d'oiseaux. — La partie de la garniture qui est destinée à consolider l'émail à l'endroit où on devait le saisir, est gravée de deux L, affrontées et enlacées sous un petit ovale ponctué qui les couronne. »

Cette pièce doit être détachée de la série des travaux des Jean Limosin pour être inscrite sous le nom de Léonard II ou Léonard III Limosin, dont le catalogue n'indique rien au Louvre, comme nous l'avons fait observer déjà dans notre ouvrage *les Émaux peints à l'Exposition rétrospective de Limoges en 1886* (page 67, en note). Elle offre, en effet, absolument l'aspect des œuvres de Léonard II ou Léonard III et diffère par là même des travaux des Jean Limosin.

Le profil de la tête est anguleux comme chez les derniers Léonard ; son modelé surtout est tout à fait particulier : il est obtenu à l'aide d'une couche extrêmement mince de blanc à peine rehaussée de quelques lumières incertaines. Le ton de chair n'est presque pas

---

se voit une salière hexagone signée I. L. (sans fleur de lis, comme sur beaucoup de pièces de cet émailleur), et représentant le buste de François Ier dans le creux supérieur, et les figures de Mars, Vénus, Junon, Minerve et Diane sur les six pans ; en bas sont des bordures d'oiseaux et d'arabesques. Le coloris translucide, surtout vert et bleu, est très riche.

Une autre salière de Jean I Limosin, exactement semblable à celle-ci, se trouve au Musée de Darmstadt. Nous pourrions citer encore d'autres exemples.

indiqué, mais un peu plus accentué sur la pommette de la joue. On est frappé de suite de l'analogie de l'ensemble et des détails si on compare cette pièce au grand émail, *M. de Verthamond offrant un placet à Saint Martial* (n° 70), au *Christ en croix* (n° 69), à la *Sainte Claire* (n° 71), etc., toutes pièces de l'Exposition de Limoges signées de deux L séparés par une fleur de lis, et qui sont dues positivement à l'un des derniers Léonard Limosin. Le décor du fond noir à fleurs, oiseaux et ramages d'or sur paillons est absolument conforme à celui qui entourait les *Sainte Marguerite* et *Sainte Claire* (n°⁸ 72 et 71) de l'Exposition de Limoges. Le style de l'auteur de ces plaques rappelle celui de Jean I dans toute son exagération fâcheuse : dessin plus anguleux encore, goût plus petit, faire plus sec, aspect plus sombre qui devient presque noir.

Aussi cette plaque, bien inférieure à la salière précédente, peut-elle être sûrement attribuée à Léonard II ou Léonard III Limosin, quand on la rapproche des pièces exposées à Limoges et que nous venons de citer. — D'ailleurs la marque de deux L gravés sur la monture en argent ne reproduirait-elle pas le monogramme de l'émailleur peut-être caché en dessous ?

« D. 390. — Plaque circulaire repoussée. — xviie siècle. — Diamètre, 0,174. (Vitrine de la dixième fenêtre). — *Pompée*. — Buste d'homme barbu, à tête laurée, de profil à gauche, le cou recouvert d'une draperie ; sur le fond la légende circulaire : POMPEIVS. M. — Grisaille. Carnations rehaussées de saumon vif appliqué au pointillé. Fond noir. — Revers violet opaque, épais. »

Le dessin de la tête n'est pas mauvais, mais elle n'a plus le grand caractère des bustes du milieu du xvie siècle. L'exécution est bonne, mais sèche, le blanc sans moelleux et sans éclat, les ombres sans effet, indiquées également de chaque côté. Les carnations ont un ton de cuir désagréable. L'aspect est, en somme, terne et ennuyeux.

Il est inutile de décrire la pièce suivante, D. 391, *Julie, femme de Pompée*, en relief comme la précédente et traitée de même, mais plus mauvaise encore. Nous ne savons à quel titre ces deux plaques repoussées ont été classées parmi les travaux des Jean Limosin. Elles ne portent pas de signatures et il nous semble que M. le comte L. de Laborde avait été plus prudent en les attribuant à un émailleur anonyme, dans sa *Notice des émaux du Louvre*.

Du reste, c'est plutôt à la suite des émaux des Jean Limosin qu'au milieu d'eux que M. Darcel a placé ces deux plaques, ce qui semble indiquer une attribution qui n'est pas affirmée nettement. Dans la même série, on ne trouve plus, en effet, après que le n° D. 392, *L'Amour divin vainqueur de l'Amour profane*, que nous avons soigneusement étudié. Si ce dernier, malgré sa signature, est relégué à la fin du groupe et passe même après les deux pièces ci-dessus qui sont fort douteuses, nous voyons là une preuve de plus des hésitations qu'a dû ressentir M. Darcel à réunir *l'Amour divin* aux productions certaines de Jean I Limosin et une sorte de pressentiment de la distinction qu'il y aurait lieu d'établir un jour.

Nous ferons observer, en terminant, que la fleur de lis n'accompagne la signature ou la marque d'aucune des œuvres de Jean I, au Louvre, tandis qu'on la voit dans le sigle de Jean II, et que presque toutes les pièces de ce dernier que nous avons examinées ci-dessus la portent aussi (du moins la trouve-t-on sans exception sur toutes celles dont l'attribution est certaine). Jean II Limosin a donc été émailleur du roi, ce dont fait foi l'inscription de la girouette de 1619. Jean I avait dû cependant posséder aussi ce même titre, car l'émail exposé à Limoges en 1886 par M. le chanoine Arbellot, *Notre-Dame-de-Pitié*, qui était sûrement son travail, portait entre l'I et l'L de la signature, une fleur de lis dont nous avons déjà parlé. Peut-être n'aurait-il adopté cette marque ou obtenu cette distinction qu'à la fin de sa carrière ?

Nous n'avons plus, pensons-nous, qu'à répondre d'avance à une objection que l'on pourra peut-être nous adresser. Pourquoi, dira-t-on, troubler l'ancienne classification en cherchant un artiste nouveau ? N'est-il pas plus simple de supposer que le Jean Limosin auquel on a attribué jusqu'ici tous les ouvrages ci-dessus ou ceux qui leur sont analogues a eu deux manières ?

Non, le Jean Limosin auteur de la série de travaux analogues aux grandes pièces du Louvre et à l'émail de M. le chanoine Arbellot, ne peut pas être aussi l'auteur des émaux de M. Davoust et de ceux qui se groupent autour de ces pièces typiques. Il n'est pas admissible, en effet, qu'un émailleur de talent qui aurait passé la majeure partie de sa vie à produire des œuvres si conformes entr'elles et qui offrent un tel aspect sévère, sombre et triste, modifie subitement sa manière dans son extrême vieillesse (car les émaux de M. Davoust ne peuvent être antérieurs à 1623) pour arriver à produire ces charmants ouvrages à l'air pour ainsi dire jeune, gai et éclatant, d'une facture très précieuse, beaucoup plus délicate que celle des grands travaux faits jusque là. Nous le répétons, cette hypothèse est absolument inadmissible, étant donné le caractère des deux séries d'ouvrages. D'ailleurs, les documents écrits sont positifs et tout en notre faveur: un premier Jean Limosin, émailleur, meurt de 1602 à 1610, c'est notre Jean I ; un second Jean Limosin, également émailleur et probablement fils du précédent, existe à cette dernière date et survit peut-être encore en 1646 : c'est notre Jean II.

www.ingramcontent.com/pod-product-compliance
Lightning Source LLC
Chambersburg PA
CBHW061009050426
42453CB00009B/1331